1 ちがう ところを 5つ さがそう

左右の絵を見比べて、違うところを5つ見つけます。

2つの えを よく みて、ちがう ところを 5つ さがしてね。みつけたら、○で かこみましょう。

こちらの えに ○を つけてね。

2 3つの まちがいを さがそう

鏡に映った姿の中から、間違っているところを3つ見つけます。

まちがって かがみに うつって いる ところが 3つ あるよ。かがみの なかから まちがいを みつけて、〇で かこみましょう。

3 ちがう もじを さがそう

文字の形を細かく観察して，違う文字を見つけます。

たくさん ある もじの なかに，それぞれ 1つだけ ちがう もじが まじって いるよ。みつけて，〇で かこみましょう。

れい

文字の形を細かく観察して，違う言葉を見つけます。

4 ちがう ことばを さがそう

たくさん ある ことばの なかに，
それぞれ １つだけ ちがう
ことばが まじって いるよ。
みつけて，〇で かこみましょう。

「あめ，あめ，あめ」…。
ちがう ことばは どれかな？

がんばって みつけよう！

> 数字の並びの規則性を見つけ，次にくる数を予測します。

5 じゅんばんに ならんで いるかな？

それぞれの れっしゃの すうじは，ある じゅんばんに ならんで いるよ。まちがって いる すうじを みつけて，○で かこみましょう。

6 なんびき いるかな？

数を数える練習です。隠れているものも数えましょう。

まちがった かずを いって いるのは だれかな。
みつけて，◯を ◯で かこみましょう。

かに は 4ひき いるね。

くらげ は 5ひき いるね。

さかな は 12ひき いるね。

7 はじめの もじは なにかな？

頭文字が違うものを見つけます。絵を指しながら，1つずつ名前を言ってみましょう。

「き」の もじで はじまる ものを あつめたよ。
あれ？ 1つだけ ちがう もじで はじまる ものが
あるよ。みつけて，えを ○で かこみましょう。

8 まちがって いる もじは どれかな?

文字の形をよく見て、字形のよく似たひらがなの正誤を見分けます。

☐の なかに まちがって いる もじが 1つずつ あるよ。みつけて、◯で かこみましょう。

- ねこが れる。
- いめが ほえる。
- さくちが さく。
- こりが およぐ。
- あひろの おやこ。

9 いくつ あるかな？

数えたクッキーの数をメモしておくと，わかりやすいでしょう。

クッキーが ふくろに はいって いるよ。あれ？
1つだけ すうじと クッキーの かずが ちがって
いるよ。みつけて，すうじを ◯で かこみましょう。

10 あわせて 5に なるかな？

おきゃくさんが 5にん くるよ。
あわせて 5に ならない のは どれかな。
みつけて、□に ✗を つけましょう。

あわせて 5こだ。

これで 5こに なるよね。

ぜんぶで 5ほんに なって いるかな？

11 ただしく とれたかな？

▭▭▭に かかれて いる とおりに おかしを
とって いないのは だれかな。みつけて，
どうぶつを ○で かこみましょう。

ケーキを 3こ，あめを 6こ とって ください。

12 かずは ただしいかな？

> たし算の基礎となるものです。「合わせていくつ」という数の合成を意識させます。

もって いる ふうせんの かずと，いって いる かずが ちがって いるのは だれかな。
みつけて，🗨を ◯で かこみましょう。

13 いないのは なにかな？

見つけた生き物の絵に印をつけるとわかりやすいでしょう。

□の なかから いきものの なまえを みつけよう。
えの いきもので なまえが ないのは どれかな。
みつけて, えを ○で かこみましょう。

14 ますに はいらない ものは？

たての ふくろ と よこの ふくろ の ことばを ますに いれて いくよ。ますに はいらない ことばを 1つずつ みつけて、えを ○で かこみましょう。

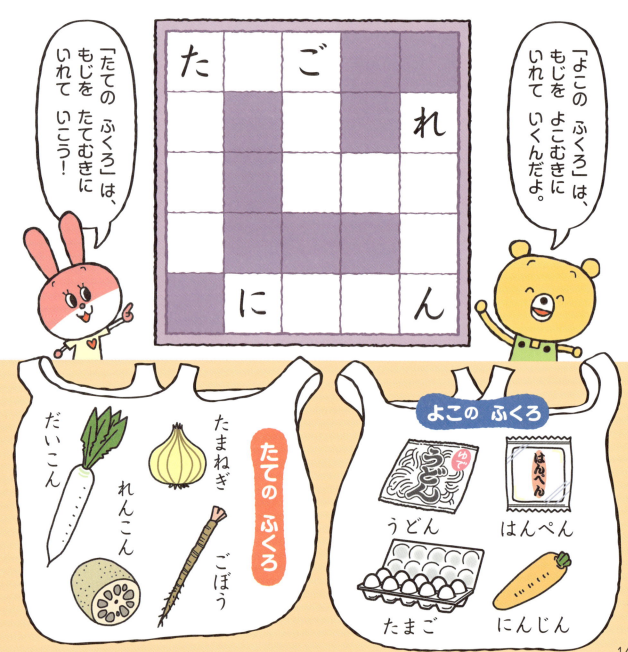

15 ちがう なかまは どれかな？ ①

それぞれの すいそうには 1ぴきだけ ちがう
なかまの さかなが まじって いるよ。
みつけて, ○で かこみましょう。

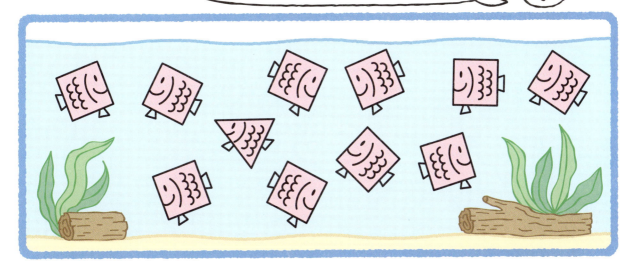

16 ちがう なかまは どれかな？ ②

違う仲間を見つけます。15と同じく，上段は形，下段は大きさに視点を置きましょう。

それぞれの すいそうには 1ぴきだけ ちがう なかまの さかなが まじって いるよ。
みつけて，〇で かこみましょう。

いろの ちがいは きに しなくて いいよ。

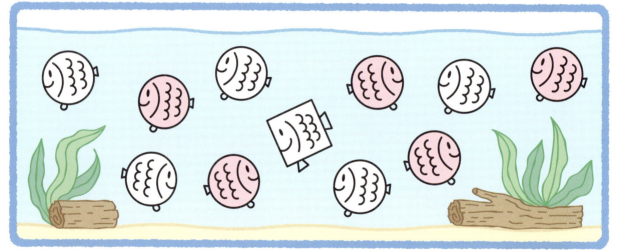

がんばって ちがいを みつけよう！

17 へんしんできないのは どれかな？

濁点「゛」がつくと，別の言葉になることを知ります。

ふしぎな はこを とおると，「゛」が つく ことばに へんしんして でて くるよ。でも，1つだけ へんしんできない ものが あるよ。みつけて，えを ○で かこみましょう。

18 もじを ならべかえよう

もじを ならべかえると むしの なまえに なるよ。あれ？ むしの なまえに ならない ものが 1ぴき いるよ。みつけて、えを ○で かこみましょう。

19 あわせて 10に なるかな？ ①

数を数え，合計が10になっているかどうかを確かめます。

あわせて 10に ならないのは どれかな。
みつけて，□に ✕を つけましょう。

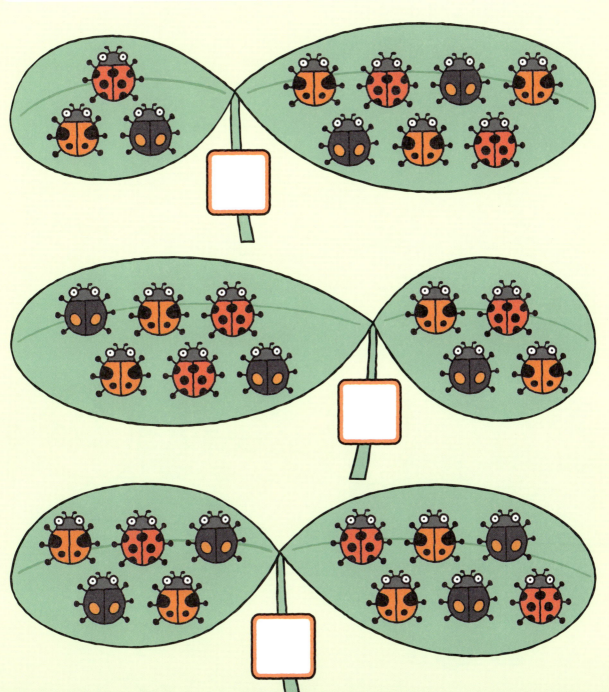

20 あわせて 10に なるかな？ ②

合わせて10になる数を考えます。問題以外の組み合わせも考えてみましょう。

きんぎょを 10ぴき とるよ。10に ならないのは だれかな。みつけて，どうぶつを ○で かこみましょう。

21 うえから よんでも したから よんでも？

> 逆さ言葉を使った回文で，言葉遊びを楽しみます。意味が通らない文を探しましょう。

うえから よんでも したから よんでも おなじに なる ぶんを つくってね。
あれ？ おかしな ぶんが 1つ できるよ。
みつけて，ぶんを ○で かこみましょう。

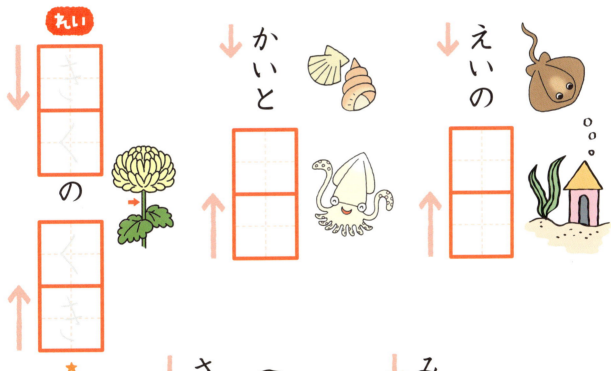

★うすい じは なぞりましょう。

22 「つ」かな？「っ」かな？

つまる音（促音）が正しく表記されているかどうかを確かめます。声に出して読んでみましょう。

「つ」と「っ」が まちがって いる ところが 1つずつ あるよ。みつけて，もじを ○で かこみましょう。

みつばち こっそり
あつめた みつを
ひつじに たつぷり
おすそわけ。

かっこう きつつき
あつまって，
かっぱの てつぼう
みつめて いる。

23 かずが ちがうのは どれかな?

6個のタイルで構成される形を考えます。数をしっかり数えましょう。

■を 6こ つないで かたちを つくったよ。
1つだけ かずが ちがう ものが あるよ。
みつけて、〇で かこみましょう。

6こ つないだよ。

おなじ かずでも いろいろな かたちが できるんだね!

かずを しっかり かぞえよう!

24 ちがう かたちは どれかな?

「角のある形」「転がる形」など、形の特徴を言いながら探してみましょう。

プレゼントの はこを たくさん よういしたよ。
この なかで ちがう なかまの かたちが
1つだけ あるよ。みつけて、〇で かこみましょう。

どこが ちがうかな?
おもった ことを
いって みよう!

いえたら □に
はなまるを かいて
もらいましょう。

25 「え」と「へ」を よんで みよう

方向や行き先, 相手先などを表す「へ」の表記のしかたを知ります。声に出して読んでみましょう。

「え」と「へ」が まちがって いる ところが 1つずつ あるよ。みつけて,もじを ◯で かこみましょう。

かえるが へびから えほんを かりた。へいを のりこえ、いええ かえった。

さざえの うえを とびこえて、えびが いわえと ジャンプする。

26 「わ」と「は」を よんで みよう

助詞「は」の表記のしかたを知ります。声に出して読んでみましょう。

「わ」と「は」が まちがって いる ところが 1つずつ あるよ。みつけて、もじを ○で かこみましょう。

わしは こわがる
はしの うえ。
わにわ わらって
はなわを わたす。

にわには にはの
にわとりが
はなうた うたって
わなげする。

27 どれが ちがうかな？ ①

違う仲間を見つけます。上段は大きさ、中段と下段は形に視点を置きましょう。

それぞれが もって いる 6つの つみきの うち，1つだけ ちがう なかまの つみきが まざって しまったよ。みつけて，○で かこみましょう。

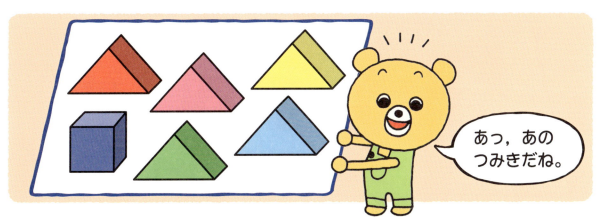

28 どれが ちがうかな？ ②

違う仲間を見つけます。傾きや色, 大きさに惑わされないようにしましょう。

それぞれが もって いる 6つの つみきの うち, 1つだけ ちがう なかまの つみきが まざって しまったよ。みつけて, ○で かこみましょう。

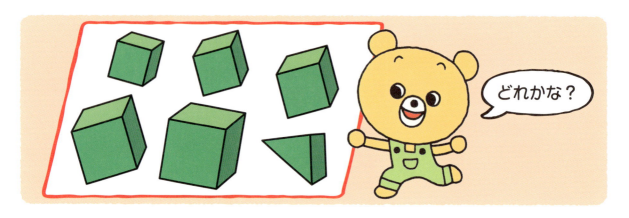

29 「お」と かく ことばは？

伸ばす音（長音）の中で「お」と書く言葉を見つけます。「お」と書く言葉は限られています。

「お」と かかなければ ならないのに，まちがって「う」と かいて いる ところが あるよ。「ほの⓪」の ほかに 2つ みつけて，〇で かこみましょう。

おおかみの とおぼえ。

おおきな こうもり。

ふくろうの かぞく。

とおくを みる。

ろうそくの ほの⓪。

30 「う」と かく ことばは？

伸ばす音（長音）の中で「う」と書く言葉を見つけます。「お」と書く言葉は限られています。

「う」と かかなければ ならないのに，まちがって「お」と かいて いる ところが あるよ。「お⓪む」の ほかに 2つ みつけて，○で かこみましょう。

- ろおかを あるく。
- おおくの けらい。
- おうかんを かぶる。
- おおさまが とおる。
- みなの もの、おしずかに〜！
- おおごえの お⓪む。

31 しかくに ならないのは どれかな？

2つの かたちを くみあわせて ■に ならない くみあわせは どれかな。2つ みつけて，○で かこみましょう。

- むきを かえて かんがえて みよう！
- くみあわせると ■に なるかな？
- いろいろな くみあわせが あるんだね。

32 さんかく 3まいで できるかな？

3個の三角形で構成される形を考えます。

おなじ おおきさの △ を 3まい つかって かたちを つくったよ。1つだけ できない かたちが あるよ。みつけて，○で かこみましょう。

れい　このように せんを ひくと わかるね。

わからない ときは，この △ を きりとって おいて みよう。

34 ただしい かたかなで かいて あるかな？②

たべものの なまえで まちがって いる もじが 5つ あるよ。みつけて，〇で かこみましょう。

35 10じで ないのは どれかな？

ちょうど 10じだよ。でも、ちょうど 10じを さして いない とけいが 3つ あるよ。みつけて、○で かこみましょう。

36 おなじ じこくかな？

学校ではアナログ時計の読み方を習いますが、デジタル時計も押さえておきましょう。

むねの とけいと おなかの とけいが ちがう じこくに なって いる ものが 2つ あるよ。みつけて、〇で かこみましょう。

37 ちがう おとを さがそう ①

銭湯の場面から，間違った擬音語を見つけます。

おとを あらわす ことばで，えと **あって いない** ものが 3つ あるよ。みつけて，ことばを ◯で かこみましょう。

38 ちがう おとを さがそう ②

キッチンの場面から，間違った擬音語を見つけます。

おとを あらわす ことばで，えと あって いない ものが 3つ あるよ。みつけて，ことばを ○で かこみましょう。

39 どんな くみあわせかな？

完成図からどの形を組み合わせてできているかを考えます。

みんなが つくった ものと おなじ ものを つくるよ。
でも、つかわない かたちが 1つずつ あるよ。
みつけて、○で かこみましょう。

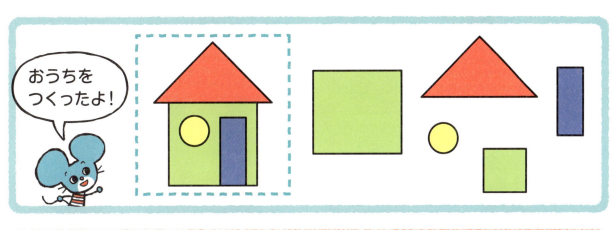

40 くみあわせて みよう

構成する立体を考えます。1つずつ、印をつけて確かめていきましょう。

☐の つみきを つかって ☐を つくったよ。つかわなかった つみきは どれかな。☐から 1つずつ みつけて、〇で かこみましょう。

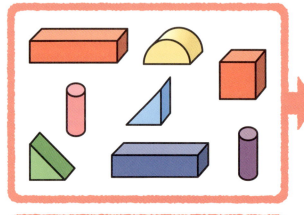

つかった つみきに しるしを つけると いいね。

しかくい つみきを たくさん つかったよ。

はんたいむきに なって いる ものも あるね。

41 どんな ようすかな？ ①

子どもたちの表情や様子を見て，間違った擬態語を見つけます。

ジェットコースターの じゅんばんを まって いる とき，どんな ようすや きもちに なるかな。
<mark>あって いない</mark> ことばを 2つ みつけて，〇で かこみましょう。

さまざまな擬態語に楽しく触れましょう。

42 どんな ようすかな？ ②

みんなで きもだめしに きたよ。
ようすを あらわす ことばが 2つ まちがって
いるよ。みつけて，ことばを ○(まる)で かこみましょう。

- ゆうれいが **きょろきょろ** する。
- ひのたまが **ゆらゆら** ゆれる。
- くびが **しくしく** のびる。
- ほしが **きらきら** ひかる。
- あたまが **くらくら** する。
- からだが **ぶるぶる** ふるえる。
- くまさんが **すたすた** と すわりこむ。

43 かずを かぞえよう

離れたところにいるものや、隠れた部分に注意しましょう。

みんなで ピクニックに きたよ。
まちがった かずを いって いるのは だれかな。
みつけて、◯を ◯で かこみましょう。

44 なんこに なるかな？

それぞれのおにぎりの数を書いておくと，比べやすいですね。

みんなで おにぎりを たべて いるよ。
まちがった かずを いって いるのは だれかな。
みつけて，◯ を ○で かこみましょう。

3にんの おにぎりを あわせると ちょうど 10こに なるね。

くまさんの おにぎりは，わたしよりも 2こも おおい！

ぼくの おにぎりの かずは くまさんより 2こ すくないよ。

45 ただしい ぶんかな？ ①

日本の昔話の世界から，助詞の使い方が間違っている文を見つけます。

むかしばなしの せかいに きたよ。まちがって いる ぶんを 2つ みつけて，○で かこみましょう。

- たけから うまれる。
- おむすびが ころがる。
- くまに またがる。
- まさかりを かつぐ。
- おにと おどる。
- ふねが こぐ。
- おにぎりと かえて もらう。
- ももが ながれる。
- はいを まく。
- いぬを あげる。
- はなが さく。

46 ただしい ぶんかな？ ②

イソップ童話の世界から，助詞の使い方が間違っている文を見つけます。

イソップどうわの せかいに きたよ。まちがっている ぶんを 3つ みつけて，○で かこみましょう。

47 どの ぼうしかな？

「上から」「下から」にも注目して、「1番目、2番目……」と数えます。

おきにいりの ぼうしを えらんだよ。いって いる ばしょが まちがって いるのは だれかな。みつけて、💬を ◯で かこみましょう。

48 おうちは どこかな？

「〇番目」の練習です。階数と左右どちらかを確かめましょう。

どうぶつたちが じぶんの へやの ばしょを いって いるよ。まちがって いるのは だれかな。みつけて、◯を ○で かこみましょう。

49 なかまで ないのは どれかな？

仲間の言葉の中から，1つずつ違う仲間の言葉を見つけます。

<u>おなじ なかまで ない</u> ことばが 1つずつ まざって いるよ。みつけて，☐に なまえを かきましょう。

くだもの いっぱい！

みかん なし
かき ぶどう りんご
さくらんぼ もも うめ
いちじく びわ なす
すもも

むしの なかまだね。

てんとうむし
あり みつばち せみ
かまきり うし ばった
すずむし もんしろちょう
きりぎりす かぶとむし
こおろぎ とんぼ

とりの なかまだよ！

すずめ つる
つばめ うぐいす ひばり
はくちょう はち はと
ほととぎす からす かも
くじゃく もず ふくろう
かっこう きじ

いろいろな スポーツが あるんだね。

サッカー
ラグビー マラソン
バスケットボール テニス
バレーボール ホッケー
カスタネット スキー
スケート ゴルフ
バドミントン

50 どこで くぎるのかな？

同じ文でも，区切る場所によって違う意味になることを知ります。

てん（、）の ばしょが かわると，いみが ちがって くるよ。えに あって いない ぶんの □に ×を つけましょう。

れい
きみは、しらないの？
きみ、はしらないの？

あ、くまが いる。
あくまが、いる。

ここに、にほん。
ここ、にほん。

たいやきって、たべた こと ある？
たいや、きって たべた こと ある？

51 どんな かたちに なるかな？

二つ折りにした折り紙を切ったときの形を確かめます。

おりがみを はんぶんに おって ----- で きりぬいたよ。きりぬいた かたちが あわないのは どれかな。みつけて，○で かこみましょう。

52 ひとふでがきが できるかな？

鉛筆を紙から離さずに、すべての線をなぞれるかどうか確かめましょう。

こどもたちが ひとふでがきの えを かいたよ。
あれ？ 1つだけ ひとふでがきが できない えが あるよ。みつけて、えを ○で かこみましょう。

53 つかえないのは どれかな？ ①

複数の意味を持つ言葉（多義語）「かける」の使い方を知ります。

○○○の なかに、「かける」が はいらない ぶんが 1つ あるよ。みつけて、○で かこみましょう。

- リボンを ○○○。
- アイロンを ○○○。
- おんがくを ○○○。
- いすに こし○○○。
- でんわを ○○○。
- ぼうしを ○○○。
- ボタンを ○○○。
- ハンガーに ○○○。

54 つかえないのは どれかな？②

複数の意味を持つ言葉（多義語）「あがる」の使い方を知ります。

○○○の なかに，「あがる」が はいらない ぶんが １つ あるよ。みつけて，○で かこみましょう。

55 3にんで わけられるかな？

3にんで おなじ かずずつ わけられないのは どちらかな。**わけられない** ほうの くだものの なまえを ○で かこみましょう。

56 4にんで わけられるかな？

わり算の基礎となるものです。4人に分けたときのあまりの有無を考えます。

4にんで おなじ かずずつに わけられないのは どれかな。
<mark>わけられない</mark> おかしの なまえを ○で かこみましょう。

絵と合っていない言葉を、日記文から3つ見つけます。

57 えにっきの まちがいを さがそう ①

えと ぶんで ちがう ところが 3つ あるよ。
ちがう ことばを みつけて、〇で かこみましょう。

4がつ 12にち くもり

きょうは ぼくの たんじょうびでした。
ぼくは いもうとと いっしょに、ケーキの かざりつけを しました。
まんなかに ぶどうを 5こ のせて、まわりに ろうそくを 5ほん たてました。
さいごに おかあさんが、「6さい ばんざい」と かいた チョコレートを よういして くれました。

58 えにっきの まちがいを さがそう ②

えと ぶんで ちがう ところが 5つ あるよ。
ちがう ことばを みつけて, ○で かこみましょう。

7がつ 25にち　はれ

きょうは かいすいよくに いきました。
とても いい てんきで くも ひとつない まっさおな そらでした。
おかあさんと すなで やまを つくって、いちばん うえに しかくの はたを たてました。そこに やどかりが 2ひき でてきました。かにが 1ぴき やってきて ぼくの おしりを はさみで つんつんと つつきました。

59 ながさを くらべよう ①

六角形の数で長さを比較します。

したの あおむしの なかで, ほかと ながさが ちがう ものが 1ぴき いるよ。みつけて, なまえを ○で かこみましょう。

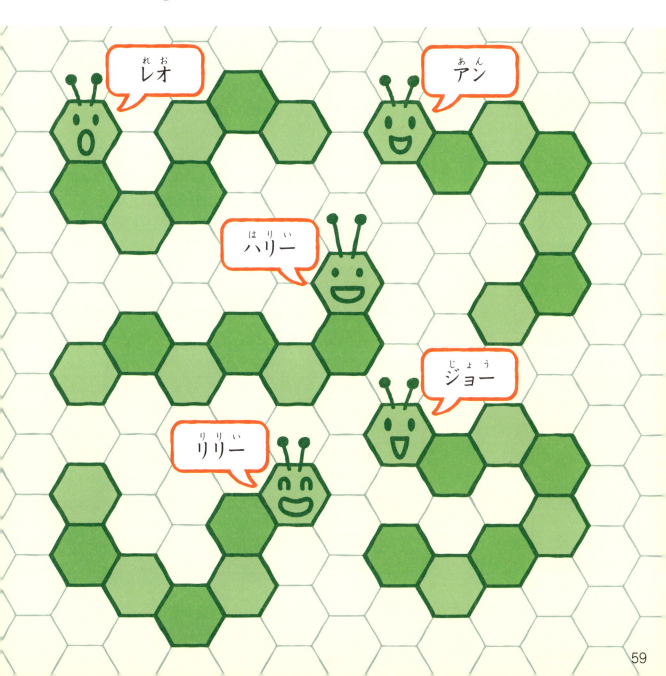

60 ながさを くらべよう ②

三角形の数で長さを比較します。

それぞれの マフラーは △ が いくつぶんの ながさかな。☐ に かずを かき，ちがう かずを みつけて，○で かこみましょう。

61 むきを かんがえよう

向きや位置関係などをイメージしながら考えます。

こうえんで しゃしんを とったよ。
あれ？ 1まいだけ まちがった しゃしんが あるよ。みつけて，〇で かこみましょう。

62 じゅんばんは あって いるかな?

まちがった じゅんばんで ならんで いるのは だれかな。ふたり みつけて, ○で かこみましょう。

このじゅんばんだよ!

63 1 ふえたのは どれと どれかな？

上下の絵を比べて，数が1増えたものを見つけます。

2つの えを くらべると，かずが 1 ふえた ものが あるよ。□の なかから 2つ みつけて，ことばを ○で かこみましょう。

きりかぶ　きのこ　どんぐり　りす　おちば

64 1へったのは どれと どれかな？

左右の絵を比べて、数が1減ったものを見つけます。

2つの えを くらべると、かずが 1 へった ものが あるよ。□の なかから 2つ みつけて、ことばを ○で かこみましょう。

ちょうちん　　りんごあめ　　おめん　　ヨーヨー　　きんぎょ

1

模様や向きに気をつけて，5つの間違いを探します。一般的な間違い探しのパターンです。言葉でも違いが言えるといいですね。

2つの えを よく みて，ちがう ところを 5つ さがしてね。みつけたら，○で かこみましょう。

こちらの えに ○を つけてね。

2

鏡は左右反対に映ります。間違えたところや気づかなかったところがあるときは，実際に鏡に映して確かめてみましょう。

まちがって かがみに うつって いる ところが 3つ あるよ。かがみの なかから まちがいを みつけて，○で かこみましょう。

3

「け」と「は」，「め」と「ぬ」，「は」と「ほ」といった，字形がよく似た文字を見分けます。似た文字は，ほかに「ね」と「わ」，「い」と「り」，「ち」と「ら」，「る」と「ろ」などがあります。

たくさん ある もじの なかに，それぞれ 1つだけ ちがう もじが まじって いるよ。みつけて，○で かこみましょう。

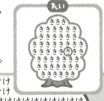
れい

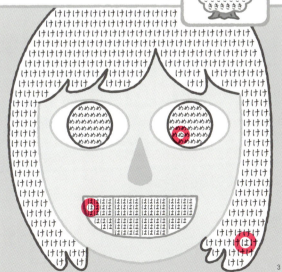

4

字形がよく似た文字を使った言葉を見分けます。「かたやぶり」は難しいので，おうちの方が意味を教えてあげて，新しい言葉を知る機会にしましょう。

たくさん ある ことばの なかに，それぞれ 1つだけ ちがう ことばが まじって いるよ。みつけて，○で かこみましょう。

れい

「あめ，あめ，あめ」…。ちがう ことばは どれかな？

がんばって みつけよう！

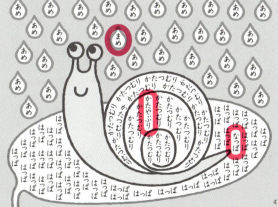

> 5 解き終わったら，最後尾にもう1両車両を増やして，「次はどんな数字が入るかな？」などとたずねてみるのもいいですね。「2とび」はものを数えるときに，「5とび」は時計を読むときなどに使います。普段の生活で使うようにしましょう。

それぞれの れっしゃの すうじは，ある じゅんばんに ならんで いるよ。まちがって いる すうじを みつけて，◯で かこみましょう。

> 6 バラバラに配置しているものを数えるときには，✓など印をつけると，数え間違いがないことを体験させましょう。

まちがった かずを いって いるのは だれかな。みつけて，◯を ◯で かこみましょう。

> 7 全部の絵のものの名前を声に出して言ってみましょう。意外と知らないものがあるかもしれません。声に出すと発見できます。

「き」の もじで はじまる ものを あつめたよ。あれ？ 1つだけ ちがう もじで はじまる ものが あるよ。みつけて，えを ◯で かこみましょう。

> 8 字形のよく似た文字の間違い探しです。間違えた文をそのまま読むと思わず笑ってしまいます。声に出して読んでみましょう。

☐の なかに まちがって いる もじが 1つずつ あるよ。みつけて，◯で かこみましょう。

9

具体物と数字が結びつけられるかどうか確認できます。5以下は1つずつ数えなくても、ひと目見て数を言えるようになればいいですね。

クッキーが ふくろに はいって いるよ。あれ？
1つだけ すうじと クッキーの かずが ちがって
いるよ。みつけて、すうじを ◯で かこみましょう。

10

5の組み合わせは、1と4、2と3です。「ねずみさんのチーズは2と3。合わせて5になるので正解！」「くまさんのりんごは3と3。合わせて6になるので間違い！」などと、言葉をかけてあげましょう。

おきゃくさんが 5にん くるよ。
あわせて 5に ならないのは どれかな。
みつけて、□に ✗を つけましょう。

11

2つの条件を満たしているかを見ます。ケーキは3個なのでわかりやすいのですが、あめは6個と数が多いので、✔など印をつけて確かめるようにしましょう。

□に かかれて いる とおりに おかしを
とって いないのは だれかな。みつけて、
どうぶつを ◯で かこみましょう。

ケーキ…3こ、あめ…7こ

12

お子さんが✔など印をつけて確かめていたら、「いい方法だね！」とほめてあげましょう。動物たちは左右の手に分けて風船を持っているので、例えば「右手に3個、左手に4個。合わせて7個だね。」などと声をかけ、数の合成を意識させてもよいでしょう。

もって いる ふうせんの かずと、いって いる
かずが ちがって いるのは だれかな。
みつけて、◯を ◯で かこみましょう。

13 お子さん一人で問題文を読んでやり方を理解するのは難しいかもしれません。一緒に問題文を読み，例の「くらげ」と「らっこ」を取り上げて説明してあげましょう。

□の なかから いきものの なまえを みつけよう。えの いきもので なまえが ないのは どれかな。みつけて，えを ○で かこみましょう。

14 クロスワードパズルです。このパズルが初めての場合は，一緒に問題文を読み，ていねいにやり方を説明してあげましょう。

たての ふくろと よこの ふくろの ことばを ますに いれて いくよ。ますに はいらない ことばを １つずつ みつけて，えを ○で かこみましょう。

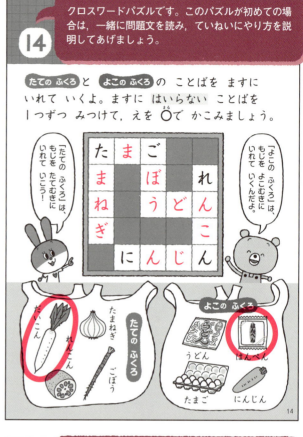

15 お子さんが答えがわかったとき，「何が違うのかな？」とたずねてみましょう。理由を話すことで，説明する力がつきます。自分の言葉で説明できたら，「よくできたね！」とほめてあげましょう。

それぞれの すいそうには １ぴきだけ ちがう なかまの さかなが まじって いるよ。みつけて，○で かこみましょう。

16 「何が違うのかな？」という質問に対してお子さんの説明が不十分な場合は，「なるほど。」と相づちを打ち，「それは，形が違うということかな？」など，まとめる言葉を使った説明のしかたを教えてあげましょう。

それぞれの すいそうには １ぴきだけ ちがう なかまの さかなが まじって いるよ。みつけて，○で かこみましょう。

17

不思議な箱を通ると,「゛」がつく言葉が出てくることを教えてあげてください。「゛」がつくと変身する言葉は,このほかに「くし→くじ」,「きん→ぎん」,「くみ→グミ」などがあります。言葉の変身を楽しみましょう。

ふしぎな はこを とおると,「゛」が つく ことばに へんしんして でて くるよ。でも, 1つだけ へんしんできない ものが あるよ。みつけて, えを ○で かこみましょう。

18

子どもたちがよく知っている虫の名前を集めました。声に出して読んでみると,「むかしとぶ」が「かぶとむし」になるなど,言葉のおもしろさがいっそう感じられるでしょう。

もじを ならべかえると むしの なまえに なるよ。あれ? むしの なまえに ならない ものが 1ぴき いるよ。みつけて, えを ○で かこみましょう。

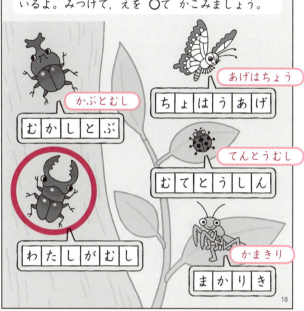

19

「合わせて10」になる数の理解は,くり上がりのあるたし算やくり下がりのあるひき算をするときに役立ちます。

あわせて 10に ならないのは どれかな。みつけて, □に ×を つけましょう。

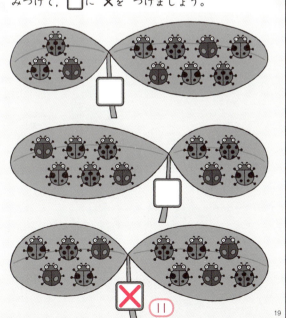

20

例えば,ぶたの左手のほうにある金魚を隠して,「1といくつで10になるかな?」とたずねてみましょう。答えられない場合は,隠したほうの金魚を数えて確認するように促します。これをくり返すうちに,「合わせて10」になる数の組み合わせが身についていくでしょう。

きんぎょを 10ぴき とるよ。10に ならないのは だれかな。みつけて, どうぶつを ○で かこみましょう。

69

21

回文を楽しみます。お子さんが「おもしろい！」と興味を持ったら、「やおや」「しんぶんし」「たけやぶやけた」などよく聞く逆さ言葉や回文を教えたり、「わしのしわ」などと自作したりして、回文への関心を高めてあげましょう。

うえから よんでも したから よんでも おなじに なる ぶんを つくってね。
あれ？ おかしな ぶんが 1つ できるよ。
みつけて、ぶんを ○で かこみましょう。

22

楽しい文なので、親子で一緒に声に出して音読できるといいですね。そのとき、おうちの方は誌面に書いてあるとおりに間違えて読んでみましょう。お子さんが間違いに気づくきっかけになります。

「つ」と「っ」が まちがって いる ところが 1つずつ あるよ。みつけて、もじを ○で かこみましょう。

23

「同じ6個でもいろいろな形ができるのね。」「ほかにも違う形ができるかな？」などと声をかけ、親子の会話を広げましょう。

■を 6こ つないで かたちを つくったよ。
1つだけ かずが ちがう ものが あるよ。
みつけて、○で かこみましょう。

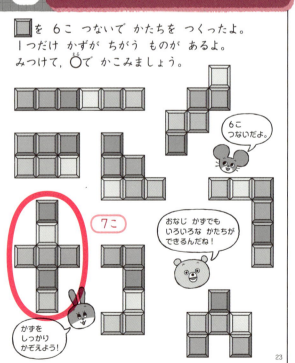

24

箱の形の違いが、四角（直方体・立方体）と筒（円柱）の違いであることを自分の言葉で言えたら、「合格！」と大いにほめてあげましょう。そして、□の中に素敵な花丸をかいてあげましょう。

プレゼントの はこを たくさん よういしたよ。
この なかで ちがう なかまの かたちが
1つだけ あるよ。みつけて、○で かこみましょう。

25

楽しくて思わず笑ってしまう文章です。お子さんと一緒に音読しましょう。「〜へ」というときは、「へ」と書き、「エ」と読むことを押さえます。

「え」と「へ」が まちがって いる ところが 1つずつ あるよ。みつけて, もじを ◯で かこみましょう。

かえるが へびから えほんを かりた。
へいを のりこえ、いええ、かえった。

さざえの うえを とびこえて、えびが いわえと ジャンプする。

26

初めにおうちの方が読み, その後, お子さんがまねをして読むようにしましょう。楽しい文章を親子で読むと楽しさが膨らみます。「〜は」というときは、「は」と書き、「ワ」と読むことを押さえます。

「わ」と「は」が まちがって いる ところが 1つずつ あるよ。みつけて, もじを ◯で かこみましょう。

わしは こわがる はしの うえ。わにわ わらって はなわを わたす。

にわには にわの にわとりが はなうた うたって わなげする。

27

それぞれどんなところが違うのか, 一緒に考えようとする姿勢を, おうちの方が示してあげましょう。その様子を見ると, お子さんも真剣に考え出します。

それぞれが もって いる 6つの つみきの うち, 1つだけ ちがう なかまの つみきが まざって しまったよ。みつけて, ◯で かこみましょう。

う〜ん、どれかなあ。

あっ、わかった！

あっ、あの つみきだね。

28

このページでは, 大きさが違っても同じ形のものは同じ仲間であることを理解させます。「さいころの形」「筒の形」「箱の形」「三角チーズの形」など, さまざまな言い方で形を表現してあげましょう。

それぞれが もって いる 6つの つみきの うち, 1つだけ ちがう なかまの つみきが まざって しまったよ。みつけて, ◯で かこみましょう。

どれかな？

よ〜く みなくちゃ。

あっ、あれだ！

29 「お」と書く言葉の覚え方には次のような文があります。「とおくの おおきな こおりの うえを おおくの おおかみ とおずつ とおった」。

「お」と かかなければ ならないのに、まちがって「う」と かいて いる ところが あるよ。「ほの⑤」の ほかに 2つ みつけて、○で かこみましょう。

30 伸ばす音の書き方です。音読するときにはっきりと発音するとよいでしょう。

「う」と かかなければ ならないのに、まちがって「お」と かいて いる ところが あるよ。「お⑥む」の ほかに 2つ みつけて、○で かこみましょう。

31 実際に、おうちの方が折り紙を切って見せてあげるとよいでしょう。元の四角に戻るかどうかを自分の目と手で確かめることが理解への第一歩です。

2つの かたちを くみあわせて □に ならない くみあわせは どれかな。2つ みつけて、○で かこみましょう。

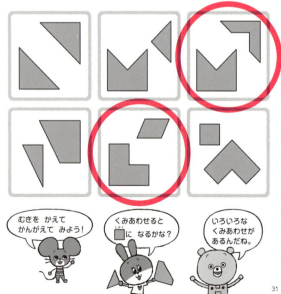

32 答えがわかったら、ページの下にある三角を切り取って置いて確認してみましょう。「なるほど！」と納得できます。

おなじ おおきさの △を 3まい つかって かたちを つくったよ。1つだけ できない かたちが あるよ。みつけて、○で かこみましょう。

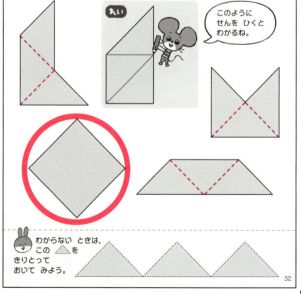

33

かたかなは，キャラクターなどの名前で子どもたちはよく知っています。知っているキャラクターの名前を，文字にして見せてあげるとよいでしょう。

どうぶつの なまえで まちがって いる もじが 3つ あるよ。みつけて，○で かこみましょう。

34

5つ全部は見つけられないかもしれません。かたかなをまだ読めないお子さんもいるでしょう。この機会に教えてあげましょう。

たべものの なまえで まちがって いる もじが 5つ あるよ。みつけて，○で かこみましょう。

35

時計屋さんのイメージです。どんなデザインの時計でも「10時」が読めますか。ふだんからおうちの方が時計を指して，「今は○時だよ。」と声をかけるといいですね。

ちょうど 10じだよ。でも，ちょうど 10じを さして いない とけいが 3つ あるよ。みつけて，○で かこみましょう。

36

アナログ時計とデジタル時計が同じ時刻を示しています。「○時ちょうど」と「○時半」の時刻が読めるかどうか見てあげましょう。

むねの とけいと おなかの とけいが ちがう じこくに なって いる ものが 2つ あるよ。みつけて，○で かこみましょう。

37

楽しい銭湯の場面です。声に出して音を表す言葉を言ってみましょう。動作をつけると、音がよりはっきりわかります。

おとを あらわす ことばで、えと あって いない ものが 3つ あるよ。みつけて、ことばを ○で かこみましょう。

38

キッチンの場面です。間違っている音の言葉が見つけられたら、「本当はどんな音がするかな?」とたずねてみましょう。お子さんが感じた表現でよいでしょう。

おとを あらわす ことばで、えと あって いない ものが 3つ あるよ。みつけて、ことばを ○で かこみましょう。

39

同じ形に✔など印をつけていくとわかりやすいでしょう。見つけ方を発見することが知恵につながります。

みんなが つくった ものと おなじ ものを つくるよ。でも、つかわない かたちが 1つずつ あるよ。みつけて、○で かこみましょう。

40

積み木の問題です。バラバラのときと組み立てたときとでは見え方が違います。このページも、✔など印をつけながら進めると確実であるということが実感できるでしょう。

□の つみきを つかって □を つくったよ。つかわなかった つみきは どれかな。□から 1つずつ みつけて、○で かこみましょう。

41

お子さんがジェットコースターに乗ったときのことや、ジェットコースターが走っている様子を見たときのことなどを話しながら、絵の子どもたちの表情や様子を見ていくとよいでしょう。

ジェットコースターの じゅんばんを まって いる とき、どんな ようすや きもちに なるかな。
あって いない ことばを 2つ みつけて、○で かこみましょう。

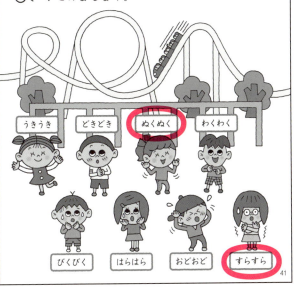

42

子どもたちが好きなおばけです。まず、絵を見て、どんな場面なのか話しましょう。2つの間違いを見つけたら、そこにはどんな言葉が合うかたずねてみましょう。

みんなで きもだめしに きたよ。
ようすを あらわす ことばが 2つ まちがって いるよ。みつけて、ことばを ○で かこみましょう。

43

数え間違いをすることなく、数えられるようになりましたか。✔など印をつければわかりやすいこともわかってきましたか。

みんなで ピクニックに きたよ。
まちがった かずを いって いるのは だれかな。
みつけて、◯を ○で かこみましょう。

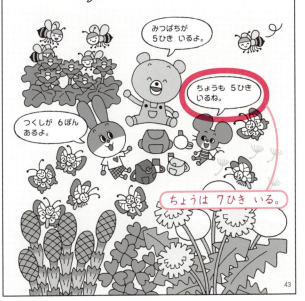

44

おにぎりに注目して、3人の言っていることが正しいかどうかを考えます。難しい場合は、おうちの方がせりふを読んであげるとよいでしょう。

みんなで おにぎりを たべて いるよ。
まちがった かずを いって いるのは だれかな。
みつけて、◯を ○で かこみましょう。

45

日本の昔話の世界です。1つずつ文を読み,それぞれ何のお話か親子で話してみましょう。会話が弾むといいですね。

むかしばなしの せかいに きたよ。まちがって いる ぶんを 2つ みつけて,○で かこみましょう。

46

イソップ童話の世界です。45と同じように,それぞれどんな童話か話してみましょう。親子の会話を楽しみながら,間違いを見つけてください。

イソップどうわの せかいに きたよ。まちがって いる ぶんを 3つ みつけて,○で かこみましょう。

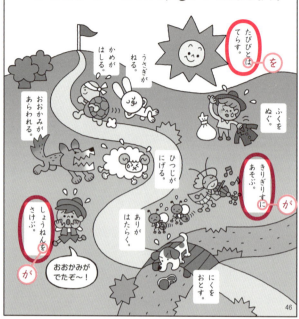

47

「上から○番目」「下から○番目」の言い方です。ほかにも,「前から・後ろから」「右から・左から」などの表現もあります。ふだんの生活で使っていきましょう。

おきにいりの ぼうしを えらんだよ。いって いる ばしょが まちがって いるのは だれかな。みつけて,◯を ○で かこみましょう。

48

解き終わったら,「牛さんの部屋はどこかな?」「3階の左から2番目だよ!」というふうに,問題を出し合いっこしても楽しいですね。

どうぶつたちが じぶんの へやの ばしょを いって いるよ。まちがって いるのは だれかな。みつけて,◯を ○で かこみましょう。

49

それぞれのグループの中から、仲間でないものを1つずつ見つけます。それが仲間でない理由が言えたら、「すごいね！」と親子でハイタッチして、できたことを喜び合いましょう。

おなじ なかまで ない ことばが 1つずつ まざって いるよ。みつけて、□に なまえを かきましょう。

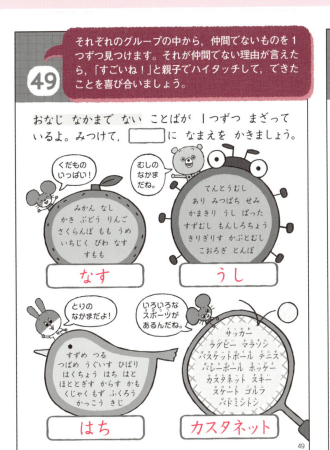

50

「、」(読点)のところは、大げさに区切って読んでみましょう。何度も読んでいるうちに、「、」の意味が理解できるようになります。

てん(、)の ばしょが かわると、いみが ちがって くるよ。えに あって いない ぶんの □に ✕を つけましょう。

51

ぜひ、実際の折り紙を切って確かめてください。図形の感覚が育っていきます。

おりがみを はんぶんに おって ------で きりぬいたよ。きりぬいた かたちが あわないのは どれかな。みつけて、○で かこみましょう。

52

「一筆書き」がわからない場合もあるでしょう。その場合は、おうちの方が見本を見せてあげるとよいでしょう。

こどもたちが ひとふでがきの えを かいたよ。あれ？ 1つだけ ひとふでがきが できない えが あるよ。みつけて、えを ○で かこみましょう。

53

「かける」という言葉が，いろいろな意味で使われていることがわかります。答えがわかったら，「帽子はかけるではなく，何と言うかな？」などとたずねてみましょう。

◯◯◯の なかに，「かける」が はいらない ぶんが １つ あるよ。みつけて，◯で かこみましょう。

54

「あがる」という言葉が，いろいろな意味で使われていることがわかります。このほか，「部屋にあがる」「めしあがる」「書きあがる」などにも使います。

◯◯◯の なかに，「あがる」が はいらない ぶんが １つ あるよ。みつけて，◯で かこみましょう。

55

数の分け方には，列のかたまりを見て分ける方法，１つずつ配りながら分ける方法などがあります。お子さんは，どのような分け方を考えるでしょうか。

３にんで おなじ かずずつ わけられないのは どちらかな。わけられない ほうの くだものの なまえを ◯で かこみましょう。

56

答えがわかったら，「どうしてクッキーは４人で分けられないのかな？」と理由をたずねてみましょう。「１個足りないから。」などと正しい理由が言えたら素晴らしいです。大いにほめてあげましょう。

４にんで おなじ かずずつ わけられないのは どれかな。わけられない おかしの なまえを ◯で かこみましょう。

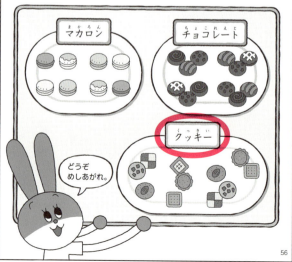

57

長い文章が読めないお子さんは、おうちの方が読んであげましょう。お子さんは聞き取りながら、間違いを見つけます。自分で読めるお子さんは、1文ずつ区切って読み、絵を確認しながら間違いを見つけましょう。

えと ぶんで ちがう ところが 3つ あるよ。
ちがう ことばを みつけて，○で かこみましょう。

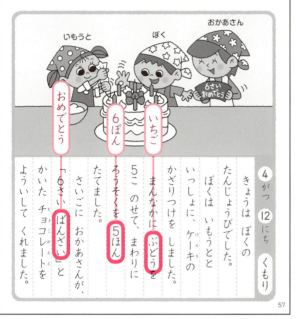

58

57と同じように、おうちの方が読んであげる方法でよいでしょう。無理に読ませても意味が理解できない場合があります。その場合は、聞く練習とするのもよいでしょう。

えと ぶんで ちがう ところが 5つ あるよ。
ちがう ことばを みつけて，○で かこみましょう。

59

六角形でつながったあおむしです。六角形が何個つながっているか、1匹ずつていねいに数えましょう。

したの あおむしの なかで、ほかと ながさが ちがう ものが 1ぴき いるよ。みつけて，なまえを ○で かこみましょう。

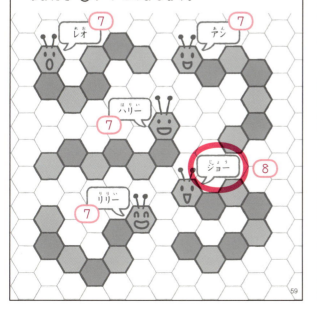

60

三角形の数で長さを比べます。三角形の個数が、それぞれのマフラーの長さになります。

それぞれの マフラーは △が いくつぶんの ながさかな。□に かずを かき、ちがう かずを みつけて，○で かこみましょう。

61

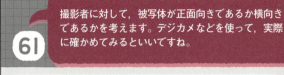
撮影者に対して，被写体が正面向きであるか横向きであるかを考えます。デジカメなどを使って，実際に確かめてみるといいですね。

こうえんで しゃしんを とったよ。
あれ？ 1まいだけ まちがった しゃしんが あるよ。みつけて，○で かこみましょう。

62

まず，「ねこ→いぬ→ぶた→さる→パンダ」の順番を覚えましょう。覚えた順番を当てはめていきます。

まちがった じゅんばんで ならんで いるのは だれかな。ふたり みつけて，○で かこみましょう。

63

上と下とでは，絵が変化しています。数え間違いがないように，✓など印をつけていきましょう。

2つの えを くらべると，かずが 1 ふえた ものが あるよ。☐の なかから 2つ みつけて，ことばを ○で かこみましょう。

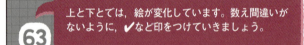
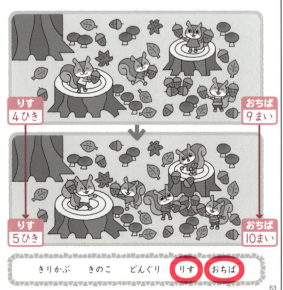

きりかぶ　きのこ　どんぐり　りす　おちば

64

おめんやりんごあめ，ヨーヨーは，いろいろな動物が手にしています。1つずつていねいに数えましょう。

2つの えを くらべると，かずが 1 へった ものが あるよ。☐の なかから 2つ みつけて，ことばを ○で かこみましょう。

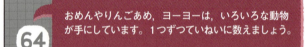

ちょうちん　りんごあめ　おめん　ヨーヨー　きんぎょ